CHATEAUX BRETONS

III

ARCHIVES

DE LA SEIGNEURIE DE LA MORLAYE

AU CHATEAU DU LOU, EN MAURON

1514-1815

Publiées par

LE MARQUIS DE L'ESTOURBEILLON

Associé correspondant de la Société nationale des Antiquaires de France,
Inspecteur de la Société française d'Archéologie,
Officier d'Académie.

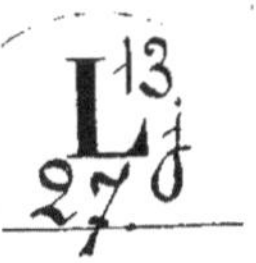

VANNES

LIBRAIRIE LAFOLYE

1895

ARCHIVES

DE LA SEIGNEURIE DE LA MORLAYE

INVENTAIRE DES ARCHIVES

DES

CHATEAUX BRETONS

III

ARCHIVES

DE LA SEIGNEURIE DE LA MORLAYE

AU CHATEAU DU LOU, EN MAURON

1514-1815

Publiées par

LE MARQUIS DE L'ESTOURBEILLON

Associé correspondant de la Société nationale des Antiquaires de France,
Inspecteur de la Société française d'Archéologie.
Officier d'Académie.

VANNES

LIBRAIRIE LAFOLYE

1895

ARCHIVES

DE LA

SEIGNEURIE DE LA MORLAYE

AU CHATEAU DU LOU

EN MAURON

1514-1815

Le château du Lou en Mauron sur lequel ont porté nos investigations pour ce III⁰ volume de l'*Inventaire général des Archives des châteaux bretons*, ne renferme plus de nos jours, contrairement à ce l'on eut pu croire, aucuns documents, ni sur cette seigneurie jadis importante, ni sur la famille *Desgrées* qui la posséda longtemps et en porte même encore le nom. Toutes les Archives de ce château, en ont été enlevées au milieu de ce siècle et sont entrées alors au dépôt des Archives départementales du Morbihan. Mais en prenant possession de cette terre, son distingué propriétaire actuel, M. le vicomte Bertrand Desprez de la Morlaye, y a apporté ses archives particulières et toutes celles de la seigneurie de la *Morlaye*, en la paroisse de Saint-Aubin d'Aubigné, évêché de Rennes, possédée pendant près de deux siècles par sa famille et dont le nom est devenu le sien depuis le milieu du XVIIe siècle (1671). Ce sont ces documents, d'autant plus intéressants qu'ils concernent un coin jusqu'ici fort peu connu du pays de Rennes, qu'il a bien voulu mettre à notre disposition avec une grâce toute particulière, et nous tenons à lui en marquer ici notre sincère gratitude.

Les archives de la seigneurie de la *Morlaye*, que nous présentons donc aujourd'hui au public, forment un ensemble de 875 pièces, s'étendant de l'année 1514 à l'année 1815, et divisé en deux catégories distinctes : 1° *Archives de la seigneurie* (554 pièces); 2° *Archives de famille* (321 pièces). — Nous nous sommes efforcé à l'aide de ces titres d'établir autant que possible la liste des possesseurs successifs de cette seigneurie qui relevait autrefois du marquisat du *Bordage* en la paroisse d'Ercé près Gosné.

POSSESSEURS SUCCESSIFS.

Le nom de la *Morlaye* ou *Morlais*, n'est pas mentionné dans les Réformations des fouages de la paroisse de Saint-Aubin d'Aubigné, de 1427, 1440, 1481 et 1513 et nous ne savons rien sur cette terre antérieurement au XVIe siècle. Mais il est possible que les propriétaires de cette terre noble aient néanmoins personnellement figuré dans ces Réformations tout en n'étant pas indiqués comme seigneurs de la Morlaye.

Voici ceux que nous avons trouvés :

1514   Messire JEHAN du Bé et demoiselle Gillette HAUGOUMAR, sa femme.

1514   Noble homme PIERRE PERRAULT et Perrine BLANCHET, sa femme, acquéreurs par contrat du 12 janvier 1514.

1535.   Noble homme Nicolas PERRAULT, écuyer, fils de Pierre Perrault.

1553.   Demoiselle Jehanne PERRAULT, fille de Nicolas et épouse de messire Noël DU FAIL, sgr DE LA HERISSAYE, conseiller au Parlement de Bretagne[1].

1554-1591.   Messire Noël DU FAIL, sgr DE LA HERISSAYE, ci-dessus cité, et Jehanne PERRAULT, sa femme[2].

---

[1] Voir page 12, note 3

[2] On voit aux Archives départementales d'Ille-et-Vilaine, un aveu du 11 février 1559, de la seigneurie du *Bordage*, reproduit par M. A. de la Borderie dans le tome XXXVIII de la *Bibliothèque de l'Ecole des Chartes*, et parlant en ces termes de la seigneurie de la *Morlaye*. « Noble et puissant François de Montbourcher, sire de nostre dicte court.... confesse tenir de hault et puissant Guy, comte de Laval, baron de Vitré, le lieu, maison, terres, coulombiers et appartenances de la *Morelaye* (*sic*), situé en ladite paroisse (de Saint-Aubin d'Aubigné), que noblés gentz Noël du Fail et Jeanne Perrault, sa compagne, tiennent noblement à debvoir de foi et obéissance.

Dans le fonds de la seigneurie de *Saint-Brice*, aux Archives départementales d'Ille-et-Vilaine, on remarque encore l'aveu suivant du 27 octobre 1576, reproduit en partie comme le précédent par M. de la Borderie.

« Noble home Noël du Faill, escuyer, seigneur de la Hérissaye, con-
« seiller du roy en son parlement de Bretaigne, et damoyselle Janne
« Perrault, sa compaigne, de luy authorisée lesquels... confessent
« tenir prochement et noblement de noble et puissant Françoys de Mont-
« bourcher, sgr du Bordage... le lieu, maison, pourpris, fuye, garaines,
« prairies, vergers, rabine, terres arables et non arables de la *Morlaye*,

1591-1600. Dame Jehanne PERRAULT, veuve de messire Noël DU FAIL, décédé à Rennes le 7 juillet 1591.

1601-1611. Messire Gilles DE CARRION, écuyer, sgr de DE LA GUINARDAYS.

1618. Messire Christophe PERRAULT, écuyer, sgr D'ANDOUILLÉ.

1621. Noble homme Georges HENRY, sgr DE LA MOTTE, par acquisition.

1632. Noble homme Yves HENRY, sgr DE LA MOTTE, fils du précédent.

1636. Messire Henry DE COUESPELLE, écuyer, sgr DE ROCHEFORT, conseiller du Roy au Parlement de Bretagne, acquéreur par contrat du 30 octobre 1636.

1639. Messire François DE MARBŒUF, vicomte DE CHEMELLIER et LA MORLAYE, conseiller du Roy au Parlement de Bretagne, acquéreur par contrat sur vente judicielle, le 6 octobre 1639.

« situé en la dicte paroisse avec ses appartenances. » M. de la Borderie fait remarquer que d'après cet aveu, la Morlais n'avait ni juridiction ni droits seigneuriaux : on n'y parle ni de *sujets*, ni de *justice*, même *basse*.

Cet aveu indique qu'il y avait un *logis ancien*, long de 64 pieds et large de 25, une maison principale récemment reconstruite d'une largeur de 60 pieds, et autour, de beaux jardins, des vergers, de grands prés, le tout bordé par la rivière d'Ylet.

M. de la Borderie cite en outre un partage du 15 juin 1601, entre les héritiers de Jeanne Perraud qui, veuve de Noël du Fail en 1591, s'était remariée à un Saint-Pern, seigneur de Ligouyer.

1646.   Messire Claude DE MARBŒUF, baron DE BLAISON, vicomte DE CHEMELLIER et DE LA MORLAYE, premier président au Parlement de Bretagne, fils du précédent.

1651.   Noble homme Pierre HERSART, sgr DE LA ROCHE, huissier au Parlement de Bretagne, époux de demoiselle Perrine DONDEL, acquéreur par contrat du 8 décembre 1651.

1654-1671.   Demoiselle Perrine DONDEL, veuve de Pierre HERSART, remariée vers 1666 à noble homme François GENTIL, sieur des HAYES.

1671-1695.   Messire Guillaume DESPREZ, écuyer, sgr DE LA GIDONNAYS, marié le 30 octobre 1671 à demoiselle Renée HERSART, fille aînée de Pierre et de Perrine Dondel[1], mort le 28 janvier 1695.

1695-1762.   Messire René-Guillaume DESPREZ, écuyer, sgr DE LA MORLAIS, échevin et juge de police de la ville de Rennes, époux : 1° le 21 février 1713 de Gillonne SIMON ; 2° le 20 novembre 1744 de Gillette MOUTON.

1762-1789.   Messire Louis-François DESPREZ, écuyer, sgr DE LA MORLAYE et la BOURDONNAIS, fils du précédent, marié le 18 juin 1761

---

[1] Demoiselle Renée Hersart, avait une sœur, Demoiselle Simonne Hersart, mariée à noble homme Sébastien de la Motte, seigneur de la Ville-Lucas.

à demoiselle Victoire-Félicité Rollet, et décédé au château de Roullefort, le 28 septembre 1789.

1790-1824. Louis-Raoul Desprez de la Morlaye, chevalier de Saint-Louis et de la Légion d'honneur, capitaine de cavalerie, marié à demoiselle Anne-Elizabeth de la Motte-Fablet, décédé le 10 janvier 1824.

1825-1866. Yves-Raoul Desprez de la Morlaye, officier d'infanterie, démissionnaire en 1830, marié le 17 août 1837, à demoiselle Angélique-Constance Rolland du Noday.

1866-1886. Bertrand-Alexandre Desprez de la Morlaye, né le 17 janvier 1843, ancien conseiller général du Morbihan pour le canton de Mauron, marié le 30 juin 1868 à Mademoiselle Marie-Juliette Le Blanc de Boisricheux, maire actuel de Saint-Lery (Morbihan).

1886. Docteur Edmond Aubrée, médecin à Rennes, par acquisition.

Tels furent les possesseurs successifs de cette vieille terre du pays de Rennes. Bien que d'importance très secondaire, ses archives nous ont conservé encore bien des détails intéressants. Elle a donné son nom à l'une de nos plus anciennes maisons bretonnes qui le porte encore dignement de nos jours ; elle fut pendant un demi-siècle la demeure du célèbre Noël du Fail, l'une de nos gloires littéraires bretonnes, l'un des plus fins observateurs et l'un des premiers peintres de mœurs de son temps ; tout cela constituait, autant de souvenirs, qui eussent suffi à eux seuls, pour nous décider à comprendre dans la série de nos *Inventaires*, ces quelques documents relatifs au modeste manoir de l'aimable et plaisant auteur des *Propos rustiques*.

Mis DE L'ESTOURBEILLON,
Inspecteur de la Société française d'Archéologie.
Officier d'Académie.

TITRES

DE LA

SEIGNEURIE DE LA MORLAYE

— I —

12 janvier 1514. — Vente de la terre et seigneurie de la Morlaye
en la paroisse de Saint-Aubin d'Aubigné o toutes ses appartenances
et dépendances, maisons, terres, prés, pâtures, droits de commun,
panages, fuyes, colombier, gallois, épaves bornements etc, consentie par noble homme Jehan Doubé (du Bé), tant en son nom
que comme procureur de Gillette Haugoumar, sa femme, à nobles
gens, messire Pierre Perrault[1] et Perrine Blanchet, sa femme,
moyennant la somme de 80 escuz d'or du Roi à la Couronne.

Signé : PHUR, passe
J. GULU. passe.

— 2 —

23 mars 1514. — Ratification de la vente de la terre et seigneurie
de la Morlaye o toutes ses appartenances et dépendances en la paroisse
de Saint-Aubin d'Aubigné consentie par noble homme Jehan Doubé
(du Bé[2]) et demoiselle Gillette Haugoumar[3], à Me Pierre Perraud et

---

[1] PIERRE PERRAULT. — La famille Perraud ou Perrault, originaire de la paroisse de Berric au diocèse de Nantes, bien que déboutée à la réformation de
1669, a figuré dès le XVe siècle parmi les maisons nobles des pays de Nantes et
Rennes et portait pour armes : *De gueules à la fasce d'argent, chargée d'une
aigle éployée de sable et accompagnée de 3 losanges d'or.* (Arm de 1696).

[2] JEHAN DU BÉ. — Très ancienne famille originaire de la paroisse de Menéac,
évêché de Saint-Malo, connue depuis Perraud du Bé, écuyer dans une montre
de 1382. Armes : *De gueules à trois écussons d'argent, chargés chacun
d'une hermine de sable.*

[3] GILLETTE HAUGOUMAR. — Ancienne famille originaire de la paroisse de

demoiselle Perrine Blanchet, sa femme, pour la somme de 4oo l. tournois, en présence de messire Guyon de Coëtlogon, sgr de Mejusseaume , René de Coëtlogon[1], fils dudit seigneur et messire Médard de Viesque[2], sgr dudit lieu, qui ratifient ledit contrat.

— 3 —

5 mars 1535. — Acquêt de plusieurs cantons de terre au fief de la Champagne sous Chasné, dépendant de la seigneurie de la Morlaye, fait par messire Nicolas Perraud, sgr de la Morlaye, d'avec Jean Le Bessinaye, moyennant la somme de 18 livres monnoie et 3o sols de commission.

— 4 —

11 mars 1535. — Vente de deux pièces de terre, nommées les *Prés aux Tournous*, consentie par Nouel Mousset, sergent de la court de Rennes, à dom Jehan Alleaume, prêtre de Chasné, moyennant la somme de 3o livres.

Signé : Jac. Bonnemez.
Beaulieu.

— 5 —

8 avril 1535. — Echange de pièces de terre en la paroisse de Chasné, consenti par Dom André Boullaye à Georges Boullaye en son nom et comme procureur de Margarite Rolland, sa femme.

Plenée-Jugon, évêché de Saint-Brieuc. — Une dame de cette maison, Jeanne Haugoumar, mariée à Pierre d'Argentré, que nous croyons sœur de Gillette, fut mère de messire Bertrand d'Argentré, sénéchal de Rennes, auteur de l'*Histoire de Bretagne*, publiée en 1582. Armes : *De gueules au chevron d'argent, accompagné de trois losanges de même.* Cette famille est encore représentée de nos jours par un sénateur des Côtes-du-Nord.

[1] Guyon et René de Coëtlogon. — Illustre et très ancienne maison bretonne, originaire de la paroisse de Plumieuc, évêché de Saint-Brieuc, remontant à Eudes, sire de Coëtlogon, marié en 1180 à Agnès de Derval. Armes : *De gueules à trois écussons d'hermines.*

[2] Medard de Viesque. — Famille ancienne, originaire de la paroisse de Saint-Philbert de Grandlieu, évêché de Nantes et portant pour armes : *D'azur à trois fleurs de lys d'argent.*

— 6 —

10 avril 1535. — Vente consentie par Jehan du Bouyer[1] (*sic*), écuyer, sgr de Launay, à Guillaume Perrot, dit : *Fouquet,* d'une pièce de terre, nommée la *piéce du Château* et sise à *Brambilly,* en Mauron[2].

— 7 —

18 novembre 1535. — Vente d'un Pré en la paroisse de Saint-Aubin d'Aubigné, consentie par Me Robert Picaud, marchand de Saint-Aubin à messire Nicolas Perraud, sgr de la Morlaye, moyennant la somme de 38 livres 10 sols.

Signé : PH. LE BASTARD,
PERRAUD.

— 8 —

16 juillet 1536. — Vente de diverses parcelles de pré au *Clos du Tertre* de la Morlaye, consentie par Françoys Jehors, fils de Raoul à messire Nicolas Perraud, sgr de la Morlaye, moyennant la somme de 60 sols monnoie.

— 9-12 —

16 juillet 1536-21 mai 1687. — Vente des 4/5 du *Clos de la Morlaye* et du pré dudit lieu, consenti par François Jehors, fils de feu Raoul Jehors, moyennant la somme de 60 sols monnaie et autres titres concernant ladite pièce.

(Quatre pièces).

— 13 —

5 et 6 août 1536. — Vente de deux pièces de pré au village de *Burettes,* consentie par Noël Mousset et Jeanne Morin, sa femme à

[1] JEAN DU BOYER. — Famille ancienne, qui eut pour berceau le château de son nom en la paroisse de Mauron.

[2] Cette pièce qui ne concerne point la seigneurie de la *Morlaye,* doit provenir des anciennes archives du château du *Lou,* voisin du Boyer. C'est dans ce champ et autour de l'ancien château de Brambily qu'eut lieu suivant la tradition la fameuse *bataille de Mauron.*

messire Nicolas Perraud, sgr de la Morlaye, moyennant la somme de 3o livres monnoie et 5 sols 1o deniers de vins.

Signé : GAUVAIGN,
JOULLAUD.

— 14 —

29 octobre 1536. — Acquêt de six solz de rente sur une pièce de terre au village des *Burettes* joignant d'un côté les terres de Dom Pierre de Saint-Pern[1], fait par messire Nicolas Perrault, sgr de la Morlaye d'avec François Mousset.

— 15 —

16 février 1539. — Vente de divers terrains sis à la *Champagne des Mesnils*, consentie par Simon Aubrée et Jeanne Jugault, sa femme et Guillaume Le Bessinaye, moyennant la somme de 70 sols monnoie.

— 16 —

23 février 1541. — Vente de divers terrains en la *Champagne des Mesnils* consentie par André et Jehan Mousset à messire Nicolas Perraud, sgr de la Morlaye, moyennant la somme de 19 livres 10 sols et 10 sols de vins.

Signé : RADIER,
JOULLAUD.

— 17 —

14 février 1543. — Vente du Pré du Val, consenti par Bertrand Alletz à noble homme Nicolas Perraud, seigneur de la Morlaye, moyennant la somme de 16 livres monnoie.

— 18 —

23 avril 1543. — Vente de divers terrains à la *Champagne des Mesnils*, consentie par Gilles Boullaye, fils de Bertrand à noble homme Nicolas Perraud, seigneur de la Morlaye, moyennant la somme de 19 livres monnoie.

---

[1] DOM PIERRE DE SAINT-PERN. — Illustre maison bretonne, remontant au Xe siècle et originaire de la paroisse de Plouasne, évêché de Saint-Malo. Armes : *D'azur à 10 billettes d'argent.* — Devise : *Fortiter paternus.*

— 19 —

31 juillet 1543. — Vente de 18 sillons de terre, en la *Champagne des Mesnils,* consentie par Noël Mousset et Jeanne Morin, sa femme à messire Nicolas Perraud, seigneur de la Morlaye, moyennant la somme de 22 livres 10 sols.

Signé : BEAULIEU.
LEDUC.

— 20 —

7 février 1565. — Contrat d'échange du fief et bailliage de la *Morlaye,* en la paroisse de Saint-Aubin d'Aubigné, consenti par Mᵉ Georges des Hayers, sieur de la Grande-Rivière, cédé par lui à noble et puissant François de Montbourcher, chevalier, seigneur du Bordage, Mézières, Chasné et Chappeigné, contre une rente annuelle de 14 godets 2/3 de froment rouge et 25 godets 2/3 d'avoine menue, mesure d'Aubigné.

Fait à Rennes en la maison de noble homme Gilles Becdelièvre[1], près le *Champ-Jacquet.*

Signé : ROBERT ROULLEFORT, Nʳᵉ.

(Copie).

— 21 —

11 novembre 1570. — Vente des terres et maison noble du *Rocher-Doulxemy,* en la paroisse d'Ercé, près Gosné, relevant de le châtellenie du Bordage, dont partie appartenait autrefois à feu demoiselles Hélène et Annette Doulxemy, consentie par Mᵉ Julien Jehors, seigneur de Guicguempas (*Quincampoix*) et demoiselle Jacquine de Launay, son épouse, à sire Georges des Hayers[2], sgr de la Rivière

---

[1] GILLES BECDELIÈVRE. — Ancienne maison, originaire de la paroisse de Lohéac, évêché de Saint-Malo et portant pour armes : *De sable à deux croix d'argent, au pied fiché et treflé, accompagné d'une coquille de même en pointe.* Devise : *Hoc tegmine tutus.*

[2] G. DES HAYERS. — Famille de l'évêché de Rennes, portant pour armes : *D'azur à trois gerbes de blé d'or.*

et la Tousche, demeurant à Rennes, rue *Beaudrairye*, moyennant la somme de 6o livres[1].

(Copie du 26 fevrier 1802).

— 22 —

17 novembre 1578. — Aveu rendu par Denys Hay et Roberte Daunay à sire Georges Deshayes, sgr de la Grande-Ripvière et la Tousche[2] pour diverses relevant du fief de Gastines en la paroisse de Saint-Aubin d'Aubigné.

— 23 —

28 mars 1580. — Aveu rendu par devant la court et châtellenie du Bordage et la juridiction de la Morlaye, par Hérman Gaudon et Roberde Lorens, sa compagne, demeurant à la Rouxellière, paroisse d'Ercé, à noble homme Noël du Fail[3], conseiller du Roy, seigneur de la Herissaye, Andouillé et la Morlaye et noble dame Jeanne Perrault, sa compagne, pour le fief de la *Berougle* en la paroisse de Saint-Aubin d'Aubigné.

[1] LE ROCHER-DOULXEMY. — Cette ancienne terre noble appartenait en 1427 à Jehan Doulxemy. — En 1573, une partie de cette terre appartenait à Jean Doulxemy qui la tenait par succession de feus Etienne et Pierre Doulxemy. — En 1604, on y voit Nicolas, sgr de la Touche, époux de Jeanne des Hayers, fille de Georges, mentionné au contrat ci-dessus. En 1679, elle était habitée par demoiselle Marguerite des Hayers, épouse de noble homme Pierre de Cherrueix, sgr de Bazille. — Jean-Raoul des Hayers, fils de René des Hayers, sieur de la Roche, y était né en 1644 et y exerçait la profession de chirurgien du roi en 1598. — En 1706, on y voit mourir demoiselle Marie-Débora Godier, dame du Rocher-Doulxemy. — Enfin en 1732, Me Raoul des Hayers, procureur et notaire du marquisat du Bordage, était sgr du Rocher-Doulxemy (P. Sébillot. *Ercé près Liffré et le château du Bordage*, p. 57).

[2] GEORGES DESHAYES. — Il faut lire : *Georges* des *Hayers*.

[3] NOEL DU FAIL. — Messire Noël du Fail, sgr de la Hérissaye et la Morlaye, du chef de sa femme, né vers 1520 au manoir de Château-Letard en Saint-Erblon, conseiller au présidial, puis au Parlement de Rennes en 1571, auteur de plusieurs ouvrages de jurisprudence estimés et de travaux littéraires fort connus, tels que Les *Propos rustiques* et Les *Contes d'Eutrapel*, décédé le 7 juillet 1591, à Rennes. Il appartenait à une vieille famille originaire de la paroisse de Saint-Erblon, évêché de Rennes, ramage de la maison de RAGUENEL et portant pour armes, d'après un sceau de 1403 : *Ecartelé d'argent et de sable*.

— 24 —

1581-1717. — Inventaire des titres, actes et pièces concernant la terre et seigneurie de la *Morlaye*, consistant en aveux, et actes divers exhibés par les vassaux et sujets du fief de la *Berouille*[1].

— 25 —

8 mars 1582. — 16 septembre 1583. — Registres de la court et juridiction de la Morlaye siégeant au bourg de Saint-Aubin d'Aubigné[2].

— 26 —

28 avril 1585. — Contrat de vente de diverses pièces de terre relevant de la seigneurie de la Morlaye consenti par Noël Huchet et Jehanne Perras, sa femme, à noble homme Arthur de Mezeray.

— 27 —

15 février 1594. — Aveu de divers héritages dans les paroisses de Saint-Aubin-d'Aubigné et Ércé, rendu par Herman Gaudon et Roberte Rolland, sa femme, à noble demoiselle Jehanne Perrault, dame de la Morlaye.

— 28-29 —

2 et 15 juin 1601. — Prisage, mesurage et répartition en cinq lotties des terres et seigneuries de la *Morlaye*, d'*Andouillé* et de la *Petite-Rivière*, dépendantes de la succession de demoiselle Jeanne Perraud, vivante dame douairière de Ligouyer, auquel est vacqué par Jacques de Couespelle, sgr de Carhel, Pierre de la Haye, sgr de Lesnouan, Pierré Riault, sgr de la Monneraye, chacun d'eux priseurs nobles avec le concours de Severin Brindeau et Jean de Belligné, arpenteurs royaux, en présence de Guillaume Fournel,

---

[1] Cet aveu et plusieurs autres contredisent celui du 27 octobre 1576, reproduit par M. A. de la Borderie, dans la *Bibliothèque de l'École des Chartes*. On trouve en effet comme relevant de la seigneurie de la Morlaye, les fiefs de la *Berouille* ou *Berougle*, de la *Rivière* et de la *Champagne des Mesnils*.

[2] Contrairement à l'aveu du 27 Octobre 1576, l'aveu ci-dessus et plusieurs autres établissent également que la seigneurie de la Morlaye possédait une juridiction dont le siège était à Saint-Aubin d'Aubigné.

écuyer, sgr de la Gabardière, Gilles de Carion, sgr de la Guinardaye ; demoiselle Marguerite de Beaumays, dame douairière du Hautvillé, veuve d'écuyer Nicolas Le Corre et tutrice de son fils Amaury Le Corre ; noble homme Pierre Garnier, sgr de la Chesaye, notaire et secrétaire du roy au Parlement de Bretagne, mari de demoiselle Claude Le Corre, Helenus Perraud, sgr de la Megnannerie ; M. Thebaud Perdrix, sgr de la Contrie, subrogé aux droits de dame Perrine Chouart, dame de la Guynemenière et procureur de Françoise Le Moyne, sa belle mère ; Jean Auger, sgr de la Lande-Guérin, mari et procureur de Hélène Perraud, sa femme Claude Le François, sgr de la Fresnaye, mari et procureur d'Anne Perraud ; noble homme Charles Busnel, sgr de la Retardaye, conseiller au présidial de Rennes, mari et procureur de droit de Michelle Chouart sa compagne ; noble homme Michel Perraud, sgr des Viviers ; messire Gastinel de la Fillochaye[1], les tous héritiers de ladite deffunte Jeanne Perraud, dame de Ligouyer.

(*Deux pièces*).

— 3o —

16 août 1603. — Aveu rendu devant la juridiction de la Morlaye par Bertrand Pichon et Gillette Rouger, sa femme, à messire Gilles de Carion, sgr de la Guinardays[2], pour diverses terres en Saint-Aubin-d'Aubigné relevant de la juridiction de la Morlaye qui appartenait jadis à demoiselle Jeanne Perrault.

— 3ı —

17 août 1603. — Aveu rendu devant la juridiction de la Morlaye par Jan Pichon à messire Gilles de Carion, sgr de la Guinardaye, pour divers héritages en Saint-Aubin-d'Aubigné.

---

[1] GASTINEL DE FILLOCHAYE. — Famille ancienne, originaire de la paroisse du Sel au diocèse de Rennes. Armes : *D'argent à six merlettes de sable, 3, 2, 1.* (Voir : De l'Estourbeillon, *La noblesse de Bretagne*, Tome II.).

[2] G. de CARION. — La famille de Carion originaire d'Espagne, portait pour armes : *De gueules à la main droite d'argent, soutenue de six ondes de sinoples en pointe.* — Devise : *Nihil virtute pulchrius.*

— 32 —

14 septembre 1603. — Aveu rendu devant la juridiction de la Morlaye, par Jean Doulain, à écuyer Gilles de Carion, sgr de la Guinardaye, pour divers héritages en la paroisse de Saint-Aubin d'Aubigné.

— 33 —

15 septembre 1603. — Aveu rendu par devant la juridiction de la Morlaye par Olive Doulain à écuyer Gilles de Carion, sgr de la Guynardaye, pour le *Champ-Cochart*, sis près la *Chardonnaye* en la paroisse de Saint-Aubin d'Aubigné.

— 34 —

21 septembre 1603. — Aveu rendu par devant la court de la Morlaye par François Hervé à écuyer Gilles de Carion, écuyer, sgr de la Guinardaye, pour le fief de la *Berouille* en Saint-Aubin-d'Aubigné.

— 35 —

18 octobre 1603. — Aveu rendu par Pierre Gohier et Julienne Pichon, sa femme, à messire Gilles de Carion, écuyer, sgr de la Guinardaye pour diverses terres en Saint-Aubin-d'Aubigné.

— 36 —

27 novembre 1603. — Aveu rendu devant la juridiction de la Morlaye, pour Perrine Le Gendriau, dame de Trahan, à messire Gilles de Carion, sgr de la Guinardaye, écuyer, pour la pièce du *Ponsel* en Saint-Aubin d'Aubigné.

— 37 —

1er avril 1604. — Aveu rendu devant la juridiction de la Morlaye par Jeanne Hervé, veuve de feu Philippe Jubaud, à messire Gilles de Caryon, écuyer, sgr de la Guinardaye, pour divers héritages en Saint-Aubin d'Aubigné.

— 38 —

22 juin 1604. — Aveu rendu devant la juridiction de la Morlaye par Guillemette Le Gendre à écuyer Gilles de Carion, sgr de la Guinardaye, pour divers héritages en la paroisse de Saint-Aubin-d'Aubigné.

— 39 —

17 juin 1608. — Aveu rendu devant la juridiction de la Morlaye, par Robert Pichon, à Messire filles de Carion, sgr de la Guinardaye et la Beroulle, pour divers héritages en la paroisse de Saint-Aubin d'Aubigné.

— 40 —

22 juin 1608. — Aveu rendu par devant la juridiction de la Morlaye, par Bertrand Pene, du village des Aulnais, à messire Gilles de la Guinardaye pour le fief de *Beauregard* à Saint-Aubin-d'Aubigné.

— 41-42 —

12 janvier 1609. — Rolle et déclaration des rentes dues à la seigneurie de la Morlaye appartenant à écuyer Gilles de Carion, sgr de la Guinardaye et le Rocher, par les hommes et subjets du baillage de la *Berouille,* dépendant de la seigneurie de la Morlaye en la paroisse de Saint-Aubin-d'Aubigné.

(Deux expéditions.)

— 43 —

17 janvier 1609. — Aveu rendu devant la juridiction de la Morlaye, par Jacques Besnard, fils d'Olivier, à escuyer, Gilles de Carion, sgr de la Guinardaye, pour le fief de la *Berouille* en Saint-Aubin-d'Aubigné.

— 44 —

21 février 1609. — Aveu rendu par devant la juridiction de la Morlaye par Pierre de Launay et Françoise Hervé, sa femme, à écuyer Gilles de la Guinardaye (Carion), pour le fief de la *Beroulle* en Saint-Aubin-d'Aubigné.

— 45 —

2 avril 1618. - Aveu rendu par Guillaume Beauxzart, tuteur de Jehanne Beauxzart, sa fille, à messire Christophe Perrault, écuyer, sgr d'Andouillé et la Morlaye, pour le fief de la *Beroulle,* dépendant de la seigneurie de la Morlaye.

— 46 —

3 juin 1621. — Aveu rendu par Jean Bernard Houette et Jeanne Neré, sa femme, à noble homme Georges Henry, sgr de la Motte et du Closneuf, acquéreur de la Morlays, pour divers héritages au fief de la *Douette* en Saint-Aubin-d'Aubigné.

— 47 —

5 juillet 1621. — Aveu rendu devant la juridiction de la Morlaye par Me Jean Besnard, demeurant à la Mare, paroisse de Saint-Aubin d'Aubigné, à noble homme Georges Henri, sgr de la Motte et du Clos-Neuf, acquéreur de la Morlaye, pour divers héritages en Saint-Aubin-d'Aubigné.

— 48 —

6 juillet 1621. — Aveu rendu devant la juridiction de la Morlaye par François Perrin du village de la *Brunelais* à noble homme Georges Henry, sgr de la Motte et du Clos-Neuf, pour le fief de la *Beroulle* en Saint-Aubin-d'Aubigné.

— 49-53 —

19 juillet 1621-27 mai 1624. — Cinq aveux roturiers rendus par divers tenanciers des fiefs relevant de la seigneurie de la Morlaye en la paroisse de Saint-Aubin d'Aubigné à noble homme Georges Henry, sgr dudit lieu de la Morlaye, le Clos-Neuf, la Motte, le Mezeray, la Mesnardais¹, etc.

---

¹ G. HENRY. — La famille Henry, originaire de la paroisse de Saint-Gilles près Rennes, portait pour armes, d'après un sceau de 1397 : *D'or 3 trois têtes de loup arrachées de sable.*

— 54 —

5 septembre 1621. — Aveu rendu par Bertrand, Marc et Julienne Rodouaz, du village de la Perauldaye en Gahard, à messire Georges Henry, sgr de la Motte, la Morlaye, le Clos-Neuf et le Mezeray, pour le fief de la *Chardonnays* en Saint-Aubin-d'Aubigné.

Signé : D'ORGÈRES.

— 55 —

12 mai 1625. — Aveu rendu devant la juridiction de la Morlaye par Guillaume Lemaistre à messire Georges Henry, sgr de la Motte et la Morlaye, pour divers héritages en la paroisse de Saint-Aubin d'Aubigné.

— 56 —

5 novembre 1631. — Vente de divers héritages en la paroisse de Saint-Aubin d'Aubigné, consentie par Me Jean Briand, sieur du Bas-Rocher, à messire Bonabes Le Bel, écuyer, sgr de la Marche et Launay¹, moyennant la somme de 200 livres tournois.

— 57 —

30 octobre 1636. — Vente de la terre et seigneurie de la Morlaye, a toutes ses appartenances et dépendances en la paroisse de Saint-Aubin d'Aubigné, consentie par messire Yves Henry, sgr de la Morlaye, conseiller du roi au Parlement de Rennes, agissant tant pour lui que pour noble homme Georges Henry, sgr de la Motte, son père, à messire Henry de Couespelle, sgr de Rochefort, conseiller au Parlement de Bretagne, moyennant la somme de 9000 livres tournois.

---

¹ BONABES LE BEL. — Famille ancienne connue depuis Jean Le Bel, écuyer dans une montre de 1392. Messire Eustache Le Bel avait épousé en 1445, Marguerite dame de la Gavouyère, en Saint-Aubin d'Aubigné, fille de Guillaume et de Jeanne de Beaucé. Armes : *D'argent à trois fleurs de lys de gueules.*

— 58 —

6 novembre 1638. — Aveu rendu par devant la juridiction de la Morlaye par Gilles Letassoux à messire Henry de Couaspelle, sgr de Rochefort et la Morlaye, pour le fief de la *Beroulle* en Saint-Aubin-d'Aubigné.

— 59 —

7 février 1639. — Aveu rendu devant la juridiction de la Morlaye par Julien Gohier, laboureur, à messire Henry de Couëspelle, sgr de Rochefort et la Morlaye, pour divers héritages en la paroisse de Saint-Aubin d'Aubigné.

— 60 —

16 février 1639. — Aveu roturier rendu par divers tenanciers des fiefs de la seigneurie de la Morlaye en la paroisse de Saint-Aubin d'Aubigné à messire Henry de Couëspelle, conseiller du roy, sgr de Rochefort et de la Morlaye.

— 61 —

9 mai 1639. — Aveu rendu pardevant la juridiction de la Morlaye et la cour de la châtellenie du Bordage par André Thebaud à messire Henry de Couëspelle, sgr de Rochefort et la Morlaye, pour diverses terres relevant de sa seigneurie de la Morlaye, et notamment la métairie de la *Chardonnaye.*

— 62-64 —

6 octobre 1639. — Vente et adjudication de la terre seigneuriale de la Morlaye et ses appartenances et dépendances garennes, jardins, bois de haute futaye et de décoration, droits d'épaves et gallois, droits de pêche et bateau sur la rivière d'Islette, faite à la requête de messire René de Montbourcher[1], chevalier, sgr du Bordage, sur

---

[1] R. DE MONTBOURCHER. — Très ancienne maison, originaire de la paroisse de de Vignoc, évêché de Dol. Armes : *D'or à trois channes ou marmites de gueules.* — Devise : *Assez d'amis, quand elles sont pleines.*

messire Henry de Couespelle[1], chevalier, sgr de Rochefort, son débiteur, et adjugée pour la somme de 7000 livres à messire François de Marbœuf[2], sgr vicomte de Chemillé, conseiller du roy au Parlement de Bretagne.

(Trois pièces).

Signé : De Lys[3].

— 65 —

1er novembre 1639. — Reconnaissance de messire René de Montbourcher, sgr du Bordage, Saint-Gilles, le Boys, le Lion-d'Angers, attestant qu'il a reçu de messire François de Marbœuf, sgr de la Piltière, conseiller au Parlement de Bretagne par les mains de M⁣ᵉ Yves Lesné, sgr de la Croix, procureur au Présidial de Rennes, la somme de 6876 livres tournois à valoir sur ce qui lui est dû par les héritiers de feu messire Georges Henry, sgr de la Motte, ladite somme provenant de la vente judicielle de la maison, terre et seigneurie de la Morlaye en Saint-Aubin-d'Aubigné et Chasné, dont le sieur de Marbœuf est adjudicataire.

Signé : René de Montbourcher.

— 66 —

27 novembre 1640-7 septembre 1643. — Registre d'audience des plectz de la cour de la *Morlaye* tenus au bourg de Saint-Aubin-d'Aubigné.

[1] H. de Couespelle. — Famille ancienne, originaire de la paroisse de Tremuzon, évêché de Saint-Brieuc. Armes : *D'azur à trois quintefeuilles d'argent.*

[2] F. de Marbœuf. — Ancienne famille chevaleresque, originaire du Poitou. Armes : *D'azur à deux épées d'argent garnies d'or, et passées en sautoir les pointes en bas.*

[3] De Lys. — Messire Eustache de Lys, sgr de Beaucé, conseiller du roy, seneschal de Rennes. Cette vieille famille, originaire de la paroisse de Henon, évêché de Saint-Brieuc, portait pour armes : *De gueules à la fasce d'argent, chargée de quatre hermines de sable et surmontée de deux fleurs de lys d'argent.* Devise : *Tellus recepit astris.*

— 67 —

4 décembre 1645. — Vente de diverses pièces de terres en la paroisse de Saint-Aubin-d'Aubigné consentie par Raoul Neveu, fils de Julien, demeurant à la métairie de la *Frétaye,* à Jean Bedault demeurant au village des *Cruaulx* en la dite paroisse de Saint-Aubin. La dite vente consentie pour la somme de cinquante-sept livres.

— 68-97 —

8 avril 648-30 juillet 1652. — Trente aveux roturiers rendus par divers tenanciers des fiefs relevant de la seigneurie de la *Morlaye,* en la paroisse de Saint-Aubin-d'Aubigné, à messire Claude de Marbœuf, chevalier, baron de Blaizon, premier président au Parlement de Bretagne, sgr dudit lieu.

— 98 —

1647-1649. — Esgail et réformation du fief et bailliage du *Rocher aux Moreaux,* situé en la paroisse de Saint-Aubin-d'Aubigné, dépendant de la châtellenie et seigneurie du Bordage, appartenant à messire René de MONTBOURCHER, chevalier, seigneur, marquis du Bordage, baron de la Grève, sgr du Bois, du Lion-d'Angers, Saint-Gilles, etc., dont les principaux possesseurs et tenanciers sont :

Messire Claude de MARBŒUF, seigneur, baron de *Blaison,* vicomte de Chemelliers, sgr de la Piltière et du Verger, conseiller du Roy et premier président an Parlement de Bretagne, qui tient la maison noble et seigneurie de la *Morlaye* et toutes ses appartenances et dépendances, pour cause de laquelle il doit à mondit seigneur, « une paire gants blancs par chacun an. »

Ecuyer Bonabes LE BEL, sgr de la Gavouyère, la Chevalleraye et le Marché-Launay, tenu à 4 sols 9 deniers et un reix 2 godets d'avoine, 70 cordes de rente annuelle pour ses 2 journaux de terre.

Ecuyer Gilles de RACINOUX, sgr de Saint-Périer, tuteur d'écuyer Claude Le Bel, fils de feu écuyer Raoul Le Bel, sgr de Launay, substitut du procureur général du Roy au Parlement de Bretagne et de feue Charlotte de Racinoux, sa compagne, tenu pour cinq pièces de terre d'une contenance totale de 5 journées 3/4 à 7 sols 6 deniers et 3 reix d'avoine de rente annuelle.

Demoiselle Gillette Le Bel, dame douairière du Bois-Corbin. pour ses terres, maisons et métairies nobles de la Haye, et diverses autres terres, tenue à 18 sols 6 deniers et à 3 boësseaux, un reix d'avoine de rente annuelle.

Demoiselle Mathurine Le Bel, dame douairière de feu écuyer Christophe du Clos, sgr de Boissemance, pour un journal 3o cordes de terre, nommé la *Roche-Fouchard*, tenu à 2 sols 1 denier et 3 godets d'avoine.

Écuyer Pierre de Montalembert, sgr de Saint-Gravé, pour diverses pièces de terre d'une contenance de 77 cordes 1/2, tenues à 15 deniers et 2 godets d'avoine, de rente annuelle.

Me Gilles des Hayers, sieur de la Gilnaye et ses consorts, par bénéfice d'inventaire de feus honorables gens André des Hayers, sieur de la Tousche, leur père, et Georges des Hayers, sieur de la Rivière, leur ayeul, pour 17 journaux 3/4 de cordes, 22 sols 6 deniers, 8 reix, 2 godets d'avoine et une poulle de rente annuelle.

Et sont en outre estagers dudit fief : Jean Briand, Gillette Dumoulin, Me Pierre Besnard, Gillette Day, veuve de Jean Briand, Yves Beaussé, François Frieu, René Aubrée, Sébastien Blot, Jean Jugault, Pierre, Grégoire, Mathurine et Julienne Bedauld, Jean Galesne, Michel Benys, Olivier Morice, Julienne Le Bastard, Pierre Noyallet, Jean Cotherel, Julien Mauger, Thiennette Montgermont, veuve de Guy Blot et ses enfants, Guy Crespel, Jean Rozé, Jean et Olivier Bonhomme, Pierre Marré, Me Jean Doulxin, Guillaume Lemaistre, Jean Gohel, Julien Labbé, Jean Hux, Jean, Michel, François, Bertrand et Julienne Montgermont, héritiers de Bastienne Robert, femme de Jean Montgermont, Yves Hervé, Gillette Paraige, Pierre, Julien et Guillaume Joly, Jean Hubert, Julienne Gaudon, Gilles et Jean Bodin, Julien Gohel, etc., etc.

— 99 —

14 mai 1648. — Aveu rendu par honorable homme Yves Hervé
et consorts à messire Claude de Marbeuf, chevalier, baron de Blaison, vicomte de Chemelliers, sgr de la Pilletière, la Mothe, le Chêne,
Gargoullé, le Verger, la Morlaye et conseiller du roi, premier président au Parlement de Bretagne pour diverses terres du fief et
baillage de la *Bérouille* relevant de la seigneurie de la Morlaye.

— 100 —

14 juin 1648. — Aveu rendu par honorable homme Jean Day
fils de feu Julien Day, à messire Claude de Marbœuf, conseiller du
roy en ses conseils d'Estat et privé, président au Parlement de Bretagne, sgr baron de Blaizon, vicomte de Chemelliers, et *la Morlaye*
sgr du Verger au Coq pour le fief de la *Beroulle,* dépendant de
sa seigneurie de la Morlaye.

— 101 —

14 juillet 1648. — Aveu rendu devant la juridiction de la Mor-
laye par Pierre Joliff à messire Claude de Marbœuf, chevalier et
baron de la Blaizon, vicomte de Chemillé, la Motte, le Chesne,
Gargoullé, le Verger, la Morlaye, conseiller du roy, 1er président au
Parlement de Bretagne pour les fiefs et terres de la *Beroulle* en
Saint-Aubin-d'Aubigné.

— 102 —

6 décembre 1649. — Echange de diverses pièces de terres sises
dans les paroisses d'Ercé et de Gahard et relevant des seigneuries de
Gahard, la Morlaye et le Boisraoul passé entre Pierre Maré du village de la Perraudaye en Gahard, d'une part, et Julien Ferron, fils
de Pierre et de Guillemette Maré, du village du Rocher en Ercé.

— 103 —

4 avril 1650-13 juin 1650. — Rolle des audiences de la cour et juridiction de la seigneurie de la Morlaye en la paroisse de Saint-Aubin-d'Aubigné.

— 104 —

6 octobre 1650. — Aveu rendu par honorable homme Jean Briand-Baudinaye et honorable femme Marguerite du Moulin à messire Claude de Marbœuf, chevalier, baron de Blaison, vicomte de Chemelliers, sgr de la Pilletière, la Motte, Gargouillé, la Morlaye, etc., conseiller du roi, président au Parlement de Bretagne, pour divers héritages sis au fief de la *Berouille* en la paroisse de Saint-Aubin-d'Aubigné.

— 105-113 —

29 juin 1651-3 novembre 1652. — Neuf aveux roturiers rendus par divers tenanciers des terres dépendantes de la seigneurie de la Morlaye rendus à Claude de Marbœuf et à noble homme Pierre Hersart. sgr de la Roche et de la Morlaye[1].

— 114-116 —

8 décembre 1651. Contrat de vente de la terre seigneurialle de la Morlaye, o toutes ses appartenances et dépendances, consenti par messire Claude de Marbœuf, chevalier, sgr baron de Blaczon, vicomte de Chemellier, le Verger et la Morlaye, conseiller du roy, président au Parlement de Bretagne, à messire Pierre Hersart, sgr la Roche, huissier au Parlement de Bretagne et demoiselle Perrine Dondel[2], sa compagne, moyennant la somme de 11 000 livres tour-

[1] P. Hersart. — Ancienne maison originaire d'Angleterre et remontant à messire Geoffroy Hersart, forestier héréditaire de Lamballe en 1250. Armes : *D'or à la herse de sable* (sceau 1581). Devise : *Evertit et æquat.*

[2] P. Dondel. — Famille ancienne. originaire du Maine et portant pour armes : *D'azur au porc épic d'or.*

nois, suivi de l'acte de prise de possession de la dite seigneurie le 23 janvier 1652 contenant la description complète desdits château et seigneurie.

(Trois pièces).

— 117 —

6 avril 1652. — Aveu rendu par honorable gens Pierre Douxin et Jeanne Hervé, sa femme, du village de la Grelinaye en Saint-Aubin-d'Aubigné, à noble homme Pierre Hersart, seigneur de la Roche et de la Morlaye, huissier au Parlement de Bretagne, pour divers héritages sis au lieu de la *Mare* en la dite paroisse.

— 118 —

4 avril 1653. — Rolle et déclaration des rentes deues à la seigneurie de la Morlaye, appartenante jadis à feu Pierre Hersart, vivant sgr de la Roche et de la Morlaye, et à présent à demoiselle Perrine Dondel, veuve du feu sieur de la Roche Hersart, dame de Chancelain et de la Chesnaye, par les tenanciers du bailliage de la *Berouille*, dépendant de la seigneurie de la Morlaye en la paroisse de Saint-Aubin-d'Aubigné.

— 119 —

13 avril 1654. — Aveu rendu par devant la juridiction de la Morlaye par Françoise Cormier à messire Pierre Hersart, sgr de la Roche et de la Morlaye, pour diverses terres en Saint-Aubin-d'Aubigné.

— 120 —

3 mai 1654. — Aveu rendu par devant les notaires de la châtellenie du Bordage et la juridiction de la Morlaye, par Françoise Hervé, à noble homme Pierre Hersart, sgr de la Roche et la Morlaye, huissier au Parlement de Bretagne, pour divers héritages sis en la paroisse de Saint-Aubin-d'Aubigné.

— 121 —

22 août 1654. — Aveu rendu par demoiselle Perrine Dondel, veuve de feu M⁰ Pierre Hersart, sgr de la Roche, huissier au Parlement, à messire René de Coëtlogon, sgr, marquis de Coëtlogon, la Lande et la Motte, à la vicomté du lieu et métairie de la *Chesnaye*, en la paroisse de Mordelles.

— 122-125 —

1654. — Rolle et déclaration des rentes dues à la seigneurie de la *Morlaye* appartenante jadis à feu Pierre Hersart, écuyer, vivant sgr de la Roche et de la Morlaye, et à présent à demoiselle Perrine Dondel, veuve du feu sieur de la Roche-Hersart, dame de Chancelain et de la Chesnaye, par les tenanciers du bailliage de la *Berouille*, dépendant de la seigneurie de la Morlaye en la paroisse de Saint-Aubin-d'Aubigné et se montant à 4 livres 16 sols 4 deniers monnoie; à 66 reix, un godet et demi godet, tiers et quart de godet d'avoine menue, mesure d'Aubigné, et à 8 poulles et 1/2 huitième de poulle, le tout payable, savoir : les deniers et l'avoine au terme de Notre-Dame l'Angevine, 8 septembre, les poulles au terme de Noël de chaque année.

(Quatre expéditions).

— 126-127 —

1655. — Rôlle et déclaration des rentes dûes à la seigneurie de la Morlaye par les tenanciers du fief de la *Berouille* (Pièce semblable à la précédente).

(Deux expéditions et plusieurs extraits).

— 128 —

27 mars 1657. — Vente de divers héritages en la paroisse de Gevezé, consentie par demoiselle Julienne Nicolas, veuve de feu honorable homme Pierre Dondel, sgr du Puy-Rondel, et demoiselles

Anne et Françoise Dondel, ses filles, à demoiselle Perrine Dondel,
veuve de feu noble homme Pierre Hersart, vivant sgr de la Roche
et huissier au Parlement de Bretagne.

— 129 —

5 mai 1567. — Vente de la maison et métairie des *Attigneaux* en
la paroisse de Saint-Aubin-d'Aubigné, consentie par demoiselle
Toussainte Richard, veuve de feu écuyer Olivier Le Charpentier,
sgr du Margat[1], paroisse de Saint-Judoce, évêché de Dol, à demoiselle Perrine Dondel, veuve de feu Pierre Hersart, écuyer, sgr de
la Roche et la Morlaye, moyennant la somme de 1350 livres.

— 130-131 —

19 janvier 1660. — Aveu rendu à haut et puissant seigneur
messire René de Montbourcher, chevalier, seigneur, marquis du
Bordage, baron de la Grève, sgr du Bois et du Lion-d'Angers,
Saint-Denis-la-Chevasse et la Rouxière, par noble dame Perrine
Dondel, veuve de feu noble homme Pierre Hersart, sgr de la Roche,
tant en son nom qu'au nom de leurs enfants, pour la terre et seigneurie de la *Morlaye,* o toutes ses appartenances et dépendances en
la paroisse de Saint-Aubin-d'Aubigné, évêché de Rennes, avec droit
de fuye, colombier, galloys, garennes, viviers, jardins, vergers, bois
de haute futaye, rabines, droit de pesche et bàteau sur la rivière
d'Isle, droit de communer au fief du *Rocher aux Moreaux,* et ladite terre, tenue de la chatellenie du Bordage à foy, hommage et
obéissance et 7 sols 6 deniers, plus 4 reix d'avoine et une poule
de rente annuelle.

(Deux pièces).

[1] O. Le Charpentier. — Famille originaire de la paroisse de Saint-Judoce,
évêché de Dol et ayant pour auteur : « Raoullet Le Charpentier, maitre de la
charpenterie du duc et faiseur des engins, canons et bombardes du pays de
Bretagne, anobli en 1437 pour ses grandes peines et bonnes diligences au re-
couvrement de la personne du duc, lors du siège de Champtoceaux. » (P. de
Courcy, *Arm. de Bret,* tome 1, p. 178). — Armes : *D'argent à trois canettes
de sable.*

— 132 —

7 décembre 1660. — Vente de la maison noble du Portal sise près du bourg de Chasné, consentie par noble homme Jean des Hayers, sgr du Portal, à noble demoiselle Perrine Dondel, veuve de feu noble homme Pierre Hersart, sgr de la Roche, huissier au Parlement. moyennant la somme de 900 livres.

— 133-134 —

18 janvier 1662. — Deux aveux rendus par Jean Bonhomme et consorts pour diverses terres dépendantes de la seigneurie de la Morlaye, paroisse de Saint-Aubin-d'Aubigné, à demoiselle Perrine Dondel, veuve de noble homme Pierre Hersart, sgr de la Roche et la Morlaye.

— 135 —

5 février 1668. — Partage en quatre lots égaux des maisons, terres et autres héritages provenant de la succession de deffunte honorable femme Jeanne Hervé, fait entre honorable homme Yves Jugault, fils de Jean et de ladite Jeanne Hervé du 1er lit, et Pierre Mauger, assisté de honorable homme Yves Mauger, autorisée de honorable homme Jean Hubert, fils de Jean, son mari, et Gillette Mauger, enfants, d'honorables gens, Julien Mauger et de ladite Hervé en second mariage.

— 136-141 —

12 février 1663-2 août 1673. — Six aveux rendus par divers tenanciers des terres du fief de la *Beroulle*, dépendant de la juridiction de la Morlaye, rendus à noble Perrine Dondel, dame de la Roche et la Morlaye, veuve de messire Piere Hersart, huissier à la cour du Parlement de Bretagne, et à noble dame Renée et Simonne[1] Hersart. dame de la Morlaye, ses filles.

[1] SIMONNE HERSART. — Demoiselle Simonne Hersart, épousa par contrat du 2 février 1674. messire Sébastien de la Motte, sgr de la Ville-Lucas, dont elle eut : demoiselle Renée de la Motte, mariée à messire Jean Davy. sgr de la Cocquerie. avocat au Parlement de Bretagne.

— 142-179 —

29 juin 1663-16 avril 1732. — Trente-huit pièces de procédure
pour noble homme Sébastien de la Motte, sgr de la Ville-Lucas, tuteur des enfants issus de son mariage avec demoiselle Simonne
Hersart, noble homme Guillaume Desprez, seigneur de la Gidonnays, et René-Guillaume Desprez, sgr de la Morlaye, son fils, issu de
son mariage avec demoiselle Renée Hersart[1], et noble homme François Gentil, sgr des Hayes, avocat à la Cour, tuteur desdites demoiselles Renée et Simonne Hersart, au sujet de la succession de feue
dame Perrine Dondel, leur mère, épouse en premières noces de feu
Pierre Hersart, sgr de la Roche et la Morlaye, et en secondes noces
dudit François Gentil, sgr des Hayes.

180-187

22 août 1654-9 août 1753. — Huit aveux ou contrats roturiers
relatifs aux terres de la *Chesnaye* et de la *Champagne de Biry* en la
paroisse de Mordelles.

— 188 —

24 juin 1667. — Aveu rendu par Antoine Rozé du village de la
Haye-Juhel en la paroisse de Saint-Aubin-d'Aubigné à dame
Jeanne Louize, dame douairière de la Gaudrionière, veuve de feu
messire Gervais Huart[2], en son vivant conseiller au Parlement de
Bretagne, pour les maisons et terre de la *Coustorinais*, dépendant
de la seigneurie de la Gaudrionière.

[1] G. R. DESPREZ. — La très ancienne famille Desprez, originaire de la paroisse de Bohal, évêché de Vannes, portait pour armes : *D'argent à huit losanges de gueules, accolés quatre à quatre et rangés en deux fasces, au
croissant de sable en abyme.* Les *Desprez* étaient devenus possesseurs de la
Morlaye au milieu du XVIIe siècle, par suite du mariage le 30 octobre 1671 de
messire Guillaume Desprez avec demoiselle Renée Hersart, *dame vicomtesse
de la Morlaye*, dont le nom demeura depuis cette époque l'apanage et la pro-
priété exclusifs de la branche directe de la famille *Desprez*.

[2] G. HUART. — Famille originaire de la paroisse de Noyal-sous-Bazouges,
évêché de Rennes. Armes : *D'argent au corbeau de sable, becqué et membré,
d'azur*.

— 189-193 —

12 octobre 1667-3 mai 1668. — Cinq aveux roturiers rendus par Olivier Bonhomme et consorts pour diverses terres relevant de la seigneurie de la *Morlaye* à noble homme François Gentil, sgr des Hayes, avocat au Parlement de Bretagne, époux de demoiselle Perrine Dondel, veuve de feu messire Pierre Hersart, sgr de la Roche et la Morlaye.

— 194 —

8 novembre 1670. — Aveu pour diverses terres en la paroisse de Saint-Aubin-d'Aubigné, rendu par noble homme Jean Verger, sgr du Bignon, demeurant en sa maison au bourg de Saint-Aubin-d'Aubigné à messire Jean de Freslon, sgr de Saint-Aubin et de Bogard.

— 195-197 —

9 octobre 1671-27 janvier 1696. — Trois aveux roturiers rendus à la seigneurie de la *Morlaye* par divers possesseurs, de terres relevant de ladite seigneurie, lors possédée par demoiselles Renée et Simonne, puis Renée (seule) Hersart, dame de la Morlaye.

— 198-203 —

1ᵉʳ avril 1672-13 juillet 1673. — Compte de tutelle de demoiselles Renée et Simonne Hersart, rendu au Présidial de Rennes par messire François Gentil, sgr des Hayes, avocat au Parlement, veuf de feue demoiselle Perrine Dondel, dame de la Roche et de la Morlaye, laquelle était mariée en premières noces à messire Pierre Hersart, sgr de la Roche et la Morlaye, décédé en 1654 et père desdites Renée et Simonne Hersart.

(*Six pièces*).

---

[1] J. DE FRESLON. — La famille de Freslon, ramage de la maison de BOTHEREL D'APPIGNÉ, est originaire de la paroisse du Rheu, évêché de Rennes, et remonte à messire Guillaume Freslon, mentionné dans une charte de Raoul de Fougères en 1163. Cette famille qui existe encore porte pour armes : *D'argent à la fasce de gueules, accompagnée de six ancolies d'azur, tigées de gueules, 3, 3.*

— 204 —

22 octobre 1672. — Extrait de l'aveu rendu devant la juridiction de la Morlaye par Julien Davy et Gillette Mauger, du village de *Sanson* en Chasné, à demoiselles Renée et Simonne Hersart, dames de la Morlaye et la Simonaye, pour le tenement de *Heugerard* et divers héritages en la paroisse de Saint-Aubin-d'Aubigné.

— 205-208 —

3 janvier 1673-3 août 1688. — Contrat judiciel (*Copie*) du 17 mai 1687 des héritages appartenant à Gilles Prôt, situés au village des *Burettes* en la paroisse de Chasné, adjugés à noble homme Guillaume Desprez, sgr de la Gidonnays, et trois autres pièces relatives auxdits héritages.

(*Quatre pièces*).

— 209 —

6 janvier 1675. — Déclaration des terres possédées en la paroisse de Poligné, par M. René Blouët, sieur du Fail, advocat à la Cour, agissant tant pour lui que pour Mᵉ Jacques Blouët, sieur de la Courbe, et Jeanne Le Roux, sa compagne.

— 210-214 —

7 février 1675-30 août 1787. — Cinq partages roturiers des successions de divers tenanciers du fief de la *Berouille*, relevant de la seigneurie de la *Morlaye*.

— 215 —

29 décembre 1677. — Vente de divers héritages en la paroisse de Saint-Aubin-d'Aubigné, consentie par François Le Bastard et Gillette Beaucé, son épouse, à messire Gilles Le Bel, escuyer, sgr de la Gavouyère, moyennant la somme de 40 livres tournois.

— 216 —

19 mars 1678. — Vente de divers héritages en la paroisse d'Ercé, près Gosné, consentie par Julien Beaucé et Julienne Le Bastard, sa femme, à messire Gilles Le Bel, sieur de la Gavouyère, moyennant la somme de 100 livres tournois.

— 217-222 —

6 février 1680-12 mai 1681. — Six aveux rendus à messire Guillaume Desprez, sgr de la Gidonnays et la *Morlaye*, et dame Renée Hersart, sa compagne, par les tenanciers des terres du fief de la *Beroulle* en la paroisse de Saint-Aubin-d'Aubigné.

— 223-250 —

1er mars 1680-14 juillet 1887. — Vingt-huit aveux de la terre et seigneurie de la *Morlaye* o toutes ses appartenances et dépendances, en la paroisse de Saint-Aubin-d'Aubigné, rendu par messire Guillaume Desprez, escuyer, sgr de la Gidonnays, conseiller du Roy, receveur des fouages de l'évêché de Rennes, époux de demoiselle Renée Hersart, à messire René de Montbourcher, chevalier, sgr marquis du Bordage, baron de la Grève, sgr de Poligné, le Lion-d'Angers, Saint-Denis la Chevasse, la Rouxière, etc., mestre de camp d'un régiment de cavalerie, et brigadier des armées du Roy.

— 251 —

29 novembre 1683. — Vente de diverses pièces de terre en la paroisse de Saint-Aubin-d'Aubigné et de quelques hébergements en ladite paroisse, consentie par Pierre Jouanes, à messire Gilles Le Bel, chevalier, sgr dé la Gavouyère, moyennant la somme de 25 livres tournois et l'obligation d'en payer à qui de droit les diverses rentes seigneuriales.

— 252-319 —

24 septembre 1682-2 juillet 1765. — Soixante-sept contrats ou actes divers (acquêts, ventes, afféagements), relatifs à diverses pièces de terre, sises ès territoires des paroisses de Saint-Aubin-d'Aubigné, Ercé et Chasné, notamment la *Gelinais*, *Burette*, le *Clos du Val*, le *Rocher*, possédées ou acquises par MM. Desprez de la Morlaye.

— 320 —

30 août 1683. — Accord entre Sébastien de la Motte, sgr de la Ville-Lucas, advocat à la Cour, mari et procureur de droit de demoiselle Simonne Hersart et demoiselles Jacquette et Françoise Hersart, ses belles-sœurs, au sujet des deniers provenant de la vente des meubles de la métairie de la *Chesnaye*, en la paroisse de Mordelles.

— 321 —

14 mars 1687. — Aveu rendu devant la juridiction de la Morlaye, par noble homme Pierre Mauger, à messire Guillaume des Prez, sgr de la Gidonnays et la Morlays, pour divers héritages en la paroisse de Saint-Aubin-d'Aubigné.

322-329.

7 juin 1689-11 avril 1690. — Huit pièces relatives à l'acquisition faite par messire Guillaume Desprez, sgr de la Gidonnays, d'avec demoiselle Renée Regnault, des pièces du *Chesne-Géant* et du *Verger du Portail*, près le haut bourg de Chasné.

— 330 —

22 juillet 1689. — Vente des terres de la *Gelinaye*, en Saint-Aubin-d'Aubigné, et d'une pièce de terre nommée la *Tournerye*, sise près le bourg de Chasné, le tout relevant prochement et noblement de la seigneurie du Bordage, consentie par noble homme Guillaume Boullé, sgr de la Tousche et Anne Boussaut, sa femme et noble homme Gilles Boullé, sieur de la Rouveraye, à messire Guillaume Desprez, sgr de la Gidonnays, demeurant à sa maison noble de la *Morlaye* en Saint-Aubin-d'Aubigné , moyennant la somme de 54o livres tournois.

— 331-332 —

29 octobre 1689. — Contrat d'acquêt de diverses pièces de terre en la paroisse de Saint-Aubin-d'Aubigné aux fiefs du *Rocher-aux-Moreaux*, du *Bas-Rocher* et de la *Haye,* fait par messire Guillaume Desprez, sgr de la Gidonnays, d'avec Pierre Le Gonnin et Julienne Frieux, sa femme, avec condition de réméré de neuf ans et l'atournance de noble homme Georges-Joseph Bedault, sgr de la Tilla is, advocat au Parlement de Bretagne.

(Deux pièces).

— 333-336 —

25 février 1694-13 août 1711. — Quatre pièces relatives à l'acquisition des terres de la *Gelinais* en Saint-Aubin-d'Aubigné par MM. Desprez de la Morlaye.

— 337 —

3 février 1696. — Enquête et procès-verbal, faits par M⁰ Urbain-Baptiste Bedault, advocat, et M⁰ Jean Ruaudel, procureur d'office de la Morlaye, au sujet de l'abattage et du vol d'un chêne de haute futaye, dans le commun des *Aulnays,* dépendant du fief de la *Berouille* et de la seigneurie de la *Morlaye.*

— 338 —

9 septembre 1702. — Vente de divers héritages sis au village de la *Marre,* en Saint-Aubin-d Aubigné, consentie par noble homme Pierre Hubert[1] et noble femme Bertranne Lestourbeil-

---

[1] P. HUBERT. — La famille Hubert, originaire de la paroisse des Mordelles évêché de Rennes, portait pour armes : *D'argent à 3 jumelles de gueules.*

lon[1], son épouse, demeurant au village de la Lande, à Jean et Gillette Mauger, du village de la Coutancière.

— 339 —

17 novembre 1702. — Vente de l'ancienne salle de la maison noble du *Rocher* en Ercé et de divers héritages, consentie par messire Michel du Bois, sgr du Rocher, et de demoiselle Jeanne des Hayers, sa compagne, demeurant au bourg de Chasné, à messire Raoul des Hayers, sgr du Rocher, y demeurant, paroisse d'Ercé.

— 340 —

28 décembre 1703. — Contrat de vente de divers héritages en la paroisse d'Ercé près Gosné, consentie par Jean Day, laboureur, et Perrine Cotherel à demoiselle Renée Hersart, veuve de feu noble homme Guillaume Desprez, sgr de la Gidonnays, pour la somme de 6o francs.

— 341-374 —

26 novembre 1706-13 novembre 1741. — Trente-quatre aveux rendus par divers tenanciers pour diverses terres relevant de la seigneurie de la *Morlaye*, à demoiselle Renée Hersart, veuve de messire Guillaume Desprez, sgr de la Gidonays, et la Morlaye, puis à messire René-Guillaume Despréz, leur fils.

— 375 —

1706. — Recette des rentes du fief de la *Bérouille,* dépendant de la seigneurie de la Morlaye, percevables par honorable fille Jeanne Ruaudel, instituée sergente baillagère pour l'an 1706, et se montant en deniers à 1o5 sols, onze deniers, soixante-neuf reix, un

---

1 BERTRANNE LESTOURBEILLON. — Demoiselle Bertranne Lestourbeillon appartenait à une branche cadette et peu fortunée, sur laquelle nous n'avons pu jusqu'à ce jour rencontrer que peu de renseignements, de la très ancienne famille de *Lestourbeillon,* originaire de la paroisse d'Ercé, près Liffré, où elle était connue depuis l'an 1o93. Armes : *D'argent au griffon de sable, armé et lampassé de gueules.*

godet deux tiers et un huitième de godet d'avoine menue, mesure d'Aubigné, huit poules 1/2 un quart et un sixième de poule, plus deux chapons gras.

— 376 —

7 septembre 1708. — Féage consenti par demoiselle Renée Hersart, veuve noble homme Guillaume Desprez, sgr de la Gidonnais à Jean Bonhomme, du village de *Marizambal* en Saint-Aubin-d'Aubigné, d'une certaine quantité de terre dans le champ de dessus de *Launay*, près du village de *Beauregard*, en Saint-Aubin-d'Aubigné.

— 377-382 —

30 juin 1711-27 janvier 1783. — Six contrats d'acquêts rôturiers de diverses pièces de terre, sises dans les paroisses d'Ercé et de Saint-Aubin-d'Aubigné et passés entre les tenanciers de la seigneurie de la Morlaye.

— 383 —

13 août 1711. — Vente à titre de réméré pour une durée de deux années des maisons et appartenances de la *Gelinays*, paroisse de Saint-Aubin-d'Aubigné, consentie par Pierre Gohel et Marie Gohier, sa femme, à Messire François Desprez, sgr de la Gidonnais, demeurant à Rennes près le *Champ Jacquet*, paroisse Saint-Aubin, moyennant la somme de 180 livres.

— 384 —

16 janvier 1714. — Vente des terres et maisons de la *Douettée*, en la paroisse de Saint-Aubin-d'Aubigné, consentie par messire René Briaud, notaire et procureur, sgr du Bas-Rocher, à maître Joseph-René Briand, son fils, fermier des droits du Roi, moyennant la somme de 1500 livres.

— 385 —

12 juillet 1717. — Vente d'un pré sis à la *Gelinaye*, paroisse de Saint-Aubin-d'Aubigné, consentie par demoiselle Elizabeth Boullé, dame de la Tousche, demeurant à la Grassière, paroisse de Saint-Aubert, évêché de Rennes, à noble homme Guillaume Desprez, sgr de la Morlais, demeurant *rue Neuve*, paroisse Saint-Sauveur de Rennes, pour la somme de 250 livres tournois.

— 386-388 —

1716-20 mars 1722. — Rôlle courant du fief du *Rocher-aux-Moreaux*, dont les principaux possesseurs et tenanciers sont demoiselle René *Hersart*, dame de la *Gidonnaye* et la *Morlaye*, tenue envers le seigneur du Bordage à une paire de gants blancs de rente annuelle.

Dame Magdeleine du *Couldray*[1], veuve d'écuyer Bonabes Le Bel, sgr de la Gavouyère tenue à 5 sols 6 deniers 1 reix 2 godets d'avoine.

Les héritiers de feu M. de *Saint-Gravé Montalembert*, tenus à 1 sol 6 deniers et 2 godets d'avoine.

M° Hervé *Briand*, sieur du *Bas-Rocher*, tenu à 2 livres 9 sols tournois, 13 reix deux godets et 1/5 de godet d'avoine et une poulle de rente annuelle.

Plus les estaigers roturiers.

(*Trois pièces*).

— 389 —

17 mars 1722. — Afféagement de 39 cordes de terre dans la Lande de Chasné, consenti par M° Guillaume Malo, sieur du Claray, agissant pour le seigneur, marquis du Bordage, à M° Pierre Ruaudel, moyennant une rente annuelle de 5 sols monnoie.

— 390 —

14 août 1724. — Vente de diverses pièces de terre en la paroisse de Saint-Aubin-d'Aubigné, consentie par demoiselle Mar-

---

[1] M. DU COULDRAY. — Cette famille qui remonte à messire Noël du Couldray, anobli par le duc en 1440, eut pour berceau le manoir de son nom en la paroisse de Mauron. Armes : *D'or à la bande de gueules, chargées de trois coquilles d'argent et accostée de deux cotices d'azur.*

guerite Thominot, veuve de feu René Briand, sieur du Bas-Rocher, et René et Jean Briand, ses fils, à messire Guillaume Desprez, sgr de la Morlaye, moyennant la somme de 360 livres.

— 391-395 —

25 février-22 novembre. 1728. — Cinq contrats divers relatifs à la vente du *Pré du Val* en la paroisse de Saint-Aubin d'Aubigné, consentie par Julien Joliff, laboureur, demeurant au Plessis de la Brosse, paroisse de Chasné, à messire Desprez. sgr de la Morlaye, demeurant à Rennes, rue de *Toulouse*.

— 396 400 —

25 février-23 novembre 1728. — Vente d'une pièce de terre nommée la *Rochette*, sise près le *Plessis de Janson*, en la paroisse de Saint-Aubin-d'Audigné, consentie par Raoul Mauger, et Françoise Cotherel, sa femme, à messire Guillaume Desprez, sgr de la Morlaye, moyennant la somme de 45 livres tournois, accompagnée de la prise de possession, bannies et appropriement de ladite terre faite pour la juridiction du Bordage.

(*Cinq pièces papier*).

— 401 —

20 mai 1732. — Cession et abandon d'une portion de terre et d'un jardin situées au village des *Landelles* en la paroisse de Chasné par Julien et Mathieu Day, à noble homme Guillaume Desprez, sgr de la Morlaye.

— 402-405 —

7 septembre 1733-17 mars 1759. — Quatre contrats d'acquisition ou de vente faites par messire René-Guillaume Desprez, sgr de la Morlaye, échevin de la ville de Rennes, de diverses terres en la paroisse de la Chapelle des Fougerets, au diocèse de Vannes.

— 406 —

4 août 1738. — Aveu de la pièce de terre du *Rangis* au fief de la *Berouille* en la paroisse de Saint-Aubin-d'Aubigné, rendu par Pierre Besnier, à noble homme Guillaume-René Desprez, sgr de la Morlaye, la Gidonnais, la Chesnelais et la Ville-Tual, lieutenant-colonel de la milice bourgeoise de Rennes.

— 407-408 —

23 avril 1739. — Vente du *Clos-Petard*, sis au village de la *Bouverie*, en la paroisse de Louvigné, consentie par demoiselle Anne Desprez, veuve du sieur du Meny Blouët, avocat au Parlement, fille et héritière de feu noble homme Jean Desprez, demeurant d'ordinaire à sa maison noble du *Seil*, paroisse de Poligné, à Julien Perret, laboureur, pour la somme de 100 livres.

(Deux pièces papier).

— 409-421 —

30 avril 1740. — Vente d'une maison située en la ville de Rennes, rue *Reverdier*, consentie par dame Jeanne Seigneury, veuve de feu noble homme Georges Villard, à honorable homme Jean du Couëdic, fermier général des devoirs des États de Bretagne, moyennant la somme de 4000 livres. Cette dite maison où pend pour enseigne : *Les Trois empereurs*, appartenant à ladite dame Seigneury, comme provenant de sa part dans la succession de feu dame Laurence Seigneury, sa sœur, vivante épouse de noble écuyer Pierre Le Bel.

(Treize pièces).

— 422-431 —

5 mars 1742-31 mai 1760. — Vente de la terre, anciennement appelé l'*Hôtel-aux-Hux* et de ses dépendances, en la paroisse de Saint-Aubin-d'Aubigné, consentie par dame Marie-Magdeleine Le Bel, veuve de messire Claude-Robert Deniau, conseiller au Parlement de Bretagne, à messire René-Guillaume Desprez, sgr de la

Morlaye, et Gillette Simon, son épouse, pour la somme de 1400 livres en principal laissée à l'acquéreur à titre de constitution, accompagnée des actes de prise possession, bannies et appropriement, et des actes de transfert de ladite vente : 1° à messire Emmanuel-Rose de Freslon, chevalier, sgr de Saint-Aubin, chevalier de Saint-Louis, capitaine aux Gardes françaises, puis à N. Dano.

(Dix pièces papier).

— 432 —

2 septembre 1742. — Prise de possession avec les débornements de l'hébergement et dépendances de l'*Hôtel-aux-Hux* vendu par dame Marie-Madeleine Le Bel, veuve de messire Claude-Robert Denyau[1], conseiller au Parlement de Bretagne, à M. et Mme de la Morlaye le 5 mars 1742 pour la somme de 1400 livres.

— 433-540 —

1751-1767. — Mémoires et pièces à l'appui des réparations exécutés par les soins de messire René-Guillaume Desprez de la Morlaye, et soldées par lui, aux fermes et bâtiments, dépendant de la succession de dame Renée de la Motte, dame de la Ville-Lucas, veuve de messire Jean Davy, sgr de la Cocquerie.

(Cent huit pièces).

— 541 —

15 mai 1752. — Ferme du trait de dixme de la *Béroulle*, consentie, par dame Magdeleine-Elisabeth de Bouchard d'Esparbès d'Aubeterre[2], abbesse de l'abbaye royale Saint-Sulpice de Rennes,

---

[1] C. L. DENYAU. — La famille Deniau, originaire de Navarre et venue en France au XVIe siècle avec Guillaume Deniau, sgr du Gué, guidon des gendarmes de la garde du Roi François Ier qui obtint des lettres de naturalisation en 1629, s'était d'abord établie en Anjou, puis passa en Bretagne à la fin du XVIe siècle. Elle portait pour armes : *De gueules au chevron d'or, accompagné de deux croissants d'argent et en pointe d'une tête de lion, arrachée d'or.*

[2] M. E. DE BOUCHARD D'ESPARBÈS D'AUBETERRE. — Dame Magdeleine-Elizabeth de Bouchard de Lussan d'Esparbès d'Aubeterre, d'abord grande prieure de l'abbaye Notre-Dame de la Saussaye au diocèse de Paris, était fille de messire François de Bouchard, sgr d'Esparbès de Lussan et petite-fille du seigneur

et dame Marie-Joseph de Bréhant, grande prieure de ladite abbaye,
à Victorien Hellouët, sous la caution solidaire d'écuyer René-Guillaume Desprez, sgr de la Morlaye, moyennant la somme de 600
livres de rentes annuelles, payables en deux termes égaux à *Noël*
et à *Saint-Jean-Baptiste* de chaque année.

— 542 —

20 mai 1755. — Afféagement d'une partie du fief du *Rocher au
Moreaux* en la paroisse d'Ercé, consentie à noble écuyer René-
Guillaume Desprez, sgr de la Morlaye, moyennant une rente
annuelle de 25 sols tournois par noble homme Bertrand Derval,
régisseur, général des terres du marquisat du Bordage, agissant
pour haute et puissante dame, Marie-Thérèse-Corentine de Nevet,
comtesse de Coigny, mère et tutrice de messeigneurs de Coigny,
sgrs du Bordage.

— 543 —

8 novembre 1766. — Afféagement du placis des *Aulnays*, sis en
la paroisse de Saint-Aubin-d'Aubigné, d'une contenance de 11
journaux 1/2, consenti par écuyer Louis-François Desprez, fils et
héritier en partie de feu écuyer René-Guillaume Desprez, sgr de la
Morlaye, demeurant ordinairement à Paris, rue *Bertin Poiré*,
paroisse Saint-Germain-l'Auxerrois, à Mathurin Thébaut et autre
Mathurin Thébaut, son fils, curé de la paroisse de Chasné, moyennant une rente annuelle de 34 reix 1/2 d'avoine.

— 544-545 —

22 mars-17 mai 1771. — Deux pièces de procédure pour messire
Louis-François Desprez, écuyer, sgr de la Morlaye, contre messire

d'Aubeterre. Elle fut nommée abbesse de Saint-Sulpice par le roi et bénite par
Mgr du Breteuil, évêché de Rennes, au mois de mai 1727 dans la chapelle des
Recollets de faubourg Saint-Germain à Paris, et prit possession de l'abbaye de
Saint-Sulpice le 17 juillet suivant en vertu des bulles du Saint-Siège du 4 juin.
Elle donna sa démission d'abbesse en 1755. — La maison de Bouchard d'Au-
beterre, originaire de Guyenne, porte pour armes : *Ecartelé : aux 1 et 4 : D'ar-
gent à la fasce de gueules accompagnée de 3 éperviers de même,* qui est
D'ESPARBÈS ; au 2 : *De gueules à 3 léopards d'or* qui est : BOUCHARD ; au 3 :
Losangé d'or et d'azur au chef de gueules, qui est : D'AUBETERRE.

Marie-François-Henry de Franquetot, duc de Coigny, maréchal des camps et armées du Roy, marquis de la Moussaye et du Bordage.

— 546-548 —

17 août 1775. — Vente de la métairie de la *Porte de la Morlaye* et de celle des *Attignaux*, en la paroisse de Saint-Aubin-d'Aubigné, consentie par messire René-François Desprez, sgr de la Bourdonnais, et dame Anne-Renée Eon, son épouse à messire Louis-François Desprez, sgr de la Morlaye, moyennant la somme de onze mille cinq cent livres.

Signé : RICHELOT, notaire.

(*Trois pièces*).

— 549 —

4 décembre 1775. — Acte de prise de possession de la métairie de la *Porte de la Morlaye* et des *Attignaux*, par messire Louis-François Desprez, sgr de la Morlaye, qui les avait acquis le 17 août de la même année de messire René-François Desprez, sgr de la Bourdonnais, et de demoiselle Anne-Renée Eon, son épouse, ses frères et belles-sœurs pour la somme de 11 500.

— 550 —

26 janvier 1770. — Vente de diverses pièces de terre en la paroisse de Gahard, consentie par Jean Bedeau, du village de la Peraudaye, en la même paroisse, à messire Louis-François Desprez, sgr de la Morlaye, moyennant la somme de 280 livres.

— 551 —

30 septembre 1778. — Aveu de la terre et seigneurie de la *Morlaye* toutes ses appartenances et dépendances, en la paroisse de Saint-Aubin-d'Aubigné, rendu par messire Louis-François Desprez, sgr de la Morlaye, à messire Marie-Henri Franquetot, duc de Coigny, chevalier des ordres du Roy, maréchal de camp, colonel des dragons de France, gouverneur de Cambrai et du Cambraisis, et de la maison royale de Choisy-le-Roy, premier écuyer de France, marquis du Bordage.

— 552 —

15 novembre 1780. — Vente de la terre et seigneurie de *Roulle-fort* en Betton, consentie par messire Charles-François-Louis de Guerrif de Kerosay[1] à messire Louis-François des Prez, sgr de la Morlaye, et dame Victoire-Félicité Rollet, son épouse, moyennant la somme de 36,ooo.

— 553 —

24 août 1785. — Autorisation accordée par la Maîtrise royale des eaux et forêts de Rennes à M. Desprez de la Morlaye, d'abattre cent pieds de chêne sur sa terre de *Roullefort*, en la paroisse de Betton, évêché de Rennes.

— 554 —

(XVIIIe siècle). — Etat des terres et maisons annexées à la seigneurie de la *Morlaye* et comprises au rôle rentier du bailliage du *Rocher-aux-Moreaux*, dépendant du marquisat du Bordage, ledit rolle réformé en 1649 et 1647.

---

[1] C. F. DE GUERRIF. — Très ancienne famille, originaire de la paroisse de Pacé, évêché de Rennes, encore représentée de nos jours et portant pour armes : *D'argent à trois feuilles de houx de sinople.*

TITRES

FAMILLE DESPREZ DE LA MORLAYE

— 555-794 —

1659-1758. — Deux cent quarante pièces de procédures et autres, relatives à la succession de dame Renée de la Motte, dame de la Ville-Lucas, veuve de messire Jean Davy, sgr de la Cocquerie, avocat au Parlement dont se portaient héritiers : demoiselle Jeanne-Jacquette Nicolazo, veuve de noble homme Pierre Masson en l'estoc paternel, et messire René-Guillaume Desprez, sgr de la Morlaye, fils de Guillaume en l'estoc maternel.

— 79⁵ —

18 août 1668. — Partage des héritages dépendant de la succession de feu messire Pierre Hardouin vivant sgr de la Pimoraye, tant en propre, que acquests eschus à ses héritiers, après la division qui en a esté faite cy-devant avec noble homme Georges Simon, sieur de la Vue, enfant du premier lit et héritier de feue demoiselle Françoise Le Tallendier, demeurée veuve communière et donataire dudit feu sieur de la Pimoraye, fait à la requête de noble homme François Le Gentil, sgr des Hayes, avocat postulant au Parlement, mari et procureur de droit de demoiselle Perrine Dondel, sa compagne, mère et tutrice des enfants de son premier mariage avec Pierre Hersart, vivant, sgr de la Roche, et faisant outre pour tous les autres héritiers dans l'estoc maternel dudit feu sieur de la Pimoraye, demandeur , à l'encontre de nobles gens Jean-Julien et Michel Hardouin, héritiers du sieur de la Pimoraye en l'estoc paternel.

— 796 —

16 avril 1669. — Arrêt de la Chambre de la Réformation de la noblesse, reconnaissant la noblesse de messire Jean des Prez, écuyer, sgr de la Bourdonnais, demeurant à sa maison du *Portal*, paroisse de Bohal, évêché de Vannes, et portant pour armes : *D'argent à 4 losanges de gueules en chef et quatre en pointe et un croissant de sable en abyme.*

— 797 —

16 avri. 1669. — Arrêt de la Chambre établie pour la réformation de la noblesse de Bretagne, qui confirme la noblesse d'extraction de Jean Desprez, écuyer, sgr de la Bourdonnais et de sa famille.

— 798 —

28 juillet 1672. — Accord entre écuyers Jacques Le Voyer, sgr des Aulnays, et René Le Voyer, sgr dudit lieu, d'une part, et écuyer René du Plessis et dame Marguerite de Miniac, sa compagne d'autre part, touchant la dotation et mariage de demoiselle Claude du Plessis, dame de Collan, leur fille, avec ledit messire René Le Voyer, sgr du dit lieu.

Fait et passé en la maison du sieur et dame de Lormay en la paroisse d'Illifaut ; et ont signé :

> René du Plessis.
> Jacques Le Voyer.
> René Le Voyer.
> Marguerite de Miniac.
> Claude du Plessis,
> François Bertho, sieur du Laz,
> Jac. Gauthier, notaire,
> J. Queven, notaire.

— 799 —

18 juillet 1681. — Partage de la succession future faite de son consentement, de demoiselle Guillemette Potin, dame du Plessix, entre noble gens Claude Perras, sieur de la Bedorière, sénéchal d'Aubigné, Thomas Perras, sieur de la Tousche, demoiselles Catherine, Marie, et Françoise Perras, frères et sœurs issus du mariage, de la dite demoiselle Guillemette Potin et de noble homme Jacques Perras, sgr du Plessix, son mari, ledit partage au rapport de Huet, notaire, et signé de ladite Potin, desdits enfants et de vénérable et discret messire Charles Chapon, sieur recteur de la ville d'Aubigné, curateur honoraire dudit sieur de Touche, de noble homme Gilles Duault, sgr des Rochers, sénéchal de la Maignane, mari et procureur de demoiselle Marie Perras, de Mᵉ Pierre Johier, officier de plusieurs juridictions, curateur honoraire de Françoise Perras, dame de la Bouëxière. Les prisages et partages desdits héritages, sis dans les paroisses de Montreuil-sur-Isle, Aubigné, Saint-Medard sur Ille et Fains, faits par Noël de Montalembert, écuyer, sgr de Trégaret, priseur ; François Boscher, arpenteur royal ; Mʳ Jacques Daufin, sieur de Chamicart, délégué du sénéchal d'Aubigné ; noble homme Thomas Daufin, sieur de la Marre, délégués des autres consorts.

— 800 —

20 août 1688. - Extrait de l'acte de baptème à Saint-Aubin-d'Aubigné de René-Guillaume des Prez, fils de noble homme Guillaume des Prez et de demoiselle Renée Hersart, sieur et dame de la Gidonnaye.

Parrain : Noble homme Blouët, sgr du Fail, avocat au Parlement.
Marraine : Demoiselle Germaine Cochart, dame de la Chesnaye.

— 801 —

21 janvier 1690. — Franchissement d'une somme de 2000 livres tournois et amortissement d'une rente annuelle de 101 livres 2 sols

2 deniers faits par noble homme Guillaume Desprez de la Gidonnays en faveur de l'hôpital Saint-Yves de Rennes.

— 802 —

26 août 1690. — Extrait de l'acte de baptême à Chasné de François Desprez, fils de noble homme Guillaume Desprez, sgr de la Gidonnaye, et de dame Renée Hersart.

Parrain : noble homme François Allain, sgr des Ecolais, avocat à la Cour.

Marraine : Dame Suzanne Yvon, épouse d'écuyer Jean-Baptiste Guillot, sgr de Croyal.

— 803 —

23 décembre 1690. — Nomination au grade de lieutenant de la Compagnie de *Bellefonds*, dans le régiment des *Dragons de Silly*, vacante par la promotion du sieur de Bretonnière, pour le sieur Desprez.

Signé : Louis.

— 804 —

28 janvier 1695. — Inhumation à Saint-Aubin-d'Aubigné de messire Guillaume des Prez, sgr de la Gidonnaye, le 28 janvier 1695.

— 805 —

21 février 1713. — Contrat de mariage de messire René-Guillaume des Prez, sgr de la Morlais, fils mineur de feu Guillaume Desprez, sgr de la Gidonnais, conseiller du Roi, receveur des fouages de l'évêché de Rennes et de demoiselle René Hersart, avec demoiselle Gillonne Simon, fille mineure de feu François Simon et de demoiselle Jeanne Seigneurie.

— 806 —

26 janvier 1714. — Extrait de l'acte de baptême de Jacques des Prez, célébré en l'église Toussaint de Rennes, fils de noble homme René-Guillaume Desprez, sgr de la Morlais, et de demoiselle Gillette Simon.

Parrain : Noble homme Jacques Blouët, sgr des Mesnils, avocat à la Cour.

Marraine : Jeanne Seigneurie.

— 807 —

12 juin 1714. — Lettres de Louis XIV, datées de Rambouillet, enjoignant à M. de Beaufremont de recevoir comme *capitaine* dans son régiment de Dragons, le sieur Desprez, lieutenant de la Compagnie *Maréchal de Camp*, dans son régiment.

— 808 —

27 août 1717. — Contrat de mariage de noble homme Jean Davy, sieur de la Cocquerie, avocat en la Cour, fils de noble homme Guillaume Davy, sgr de la Bouchetière, ancien procureur au Parlement de Bretagne, et de feue demoiselle Gillette Petit, avec demoiselle Renée de la Motte, fille de noble homme Sébastien de la Motte, sgr de la Ville-Lucas, et de feue demoiselle Simonne Hersart.

— 809 —

21 février 1719. — Extrait de l'acte de baptême à Toussaints de Rennes, de Louis-François Desprez, fils de noble homme René-Guillaume Desprez, sgr de la Morlais, et de demoiselle Gillette Simon.

Parrain : Noble homme Louis Seigneurie.

Marraine : Demoiselle Françoise Grassineau, épouse de Christophe Pitten, avocat procureur à la Cour.

Au revers de cet acte est le cachet de M. Le Coniac, conseiller honoraire au Parlement de Bretagne, sénéchal au Présidial de Rennes : *D'argent à un aigle.*

— 810-812 —

15 novembre 1719. — Jean des Prez, capitaine au régiment de Dragons de *Beauffremont,* vend avec l'agrément de la Cour et des marquis de Coigny et de Beauffremont, sa compagnie, à Louis de Latude de Vissec, chevalier, sgr de Ganges, et lui en fait sa démission pour la somme de 10.000 livres.

A Perpignan, le 15 novembre 1719.

> Signé : DESPREZ,
> Le chevalier DE GANGES.

A cet acte sont joints : Une pièce (Lettre du 13 juin 1727), et un *Mémoire*, attestant que ledit sieur des Prez avait fait ladite vente à la suite des blessures qu'il reçut au siège de *Roze*, et dont il mourut le 10 décembre 1719 à Perpignan où il s'était retiré, et ne fut jamais payé du prix de vente de sa compagnie par le chevalier de *Ganges*, qui se contenta de le déposer au trésor royal.

D'après le *Mémoire* ci-dessus, ce fut M. le chevalier de *Chamballan*, capitaine au régiment de *Bigots-Infanterie*, en garnison à Perpignan en 1740, qui voulut bien se charger des formalités nécessaires pour le Règlement de la succession du sieur Desprez.

— 813 —

20 avril 1723. – Contrat de mariage de messire Pierre-Joseph Durand, sgr du Caz, procureur au Présidial de Rennes, fils de messire Pierre Durand, sgr de la Poitevinière, ancien procureur audit Présidial, et de demoiselle Marin-Anne Simon, demoiselle de la Pinsonnette, fille de feu noble homme François Simon, sgr de la Pinsonnette, marchand de draps de soie à Rennes, et de demoiselle Jeanne Seigneurye, ses père et mère.

Et ont signé audit contrat :

> MARIE-ANNE SIMON
> DURAND,
> DURAND,
> JEANNE SEIGNEURYE,
> VILLARD,
> GILLONNE SIMON,
> SENANT,
> DU COUÉDIC,

Le Bel,

Laurence Seigneurye,

Huidre,

Julienne Seigneurye,

Fournier du Feuilly,

De Richebourg,

Mahé,

Turin,

De Saint-Jean, notaire royal,

Biard, notaire royal.

— 814 —

14 janvier 1724. — Extrait de l'acte de baptême à Toussaints de Rennes de Pierre-Saint Desprez, fils de René-Guillaume, sgr de la Morlais, et de demoiselle Gillette Simon.

Parrain : Maître Joseph Durand, sgr du Caz, procureur au Parlement.

Marraine : Demoiselle Sainte Maujouan.

Au revers de cet acte est le cachet de M. Joseph-Hyacinthe Varin du Colombier, lieutenant de la sénéchaussée et du siège présidial de Rennes : *D'or au chevron d'azur cantonné de 3 étoiles de gueules.*

— 815 —

16 novembre 1726. — Extrait de l'acte de baptême à Toussaints de Rennes, de Julien-René Desprez, fils de noble homme Guillaume Desprez, sgr de la Morlaye, ancien consul, l'un des eschevins de Rennes, capitaine-lieutenant de la *compagnie colonnelle des Milices bourgeoises* de cette ville, ancien marguiller de la paroisse, et de demoiselle Gillette Simon.

Parrain : Noble homme Julien-Jean Chérel, sgr de Kergaté, avocat au Parlement.

Marraine : Demoiselle Renée de la Mothe, veuve de noble homme Jean Davy, sgr de la Cocquerie, avocat au Parlement.

Au revers de cet acte est le cachet de messire Jean Baillon, seneschal de Rennes : *D'azur à 2 épées d'argent en sautoir, surmontées d'un croissant de meme.* Supports : *Deux lions.* Couronne de *marquis.*

— 816 —

29 mars 1742. — Constitution d'une rente annuelle de 1000 livres au principal de 2000 livres faite par messire René-Guillaume Desprez, sgr de la Morlaye, et demoiselle Gillette Simon, sa compagne, en faveur de l'hôpital de Saint-Yves de Rennes.

— 817 —

21 mai 1746. — Ordonnance de Mgr de Pontcarré de Viarmes, intendant de Bretagne, reconnaissant la noblesse de messire René-Guillaume Desprez, sgr de la Morlaye, qui en a fait la justification par titres.

— 818 —

19 juillet 1747: — Annulation d'un contrat de Constitut consenti par messire Guillaume Desprez, sgr de la Morlaye, en faveur de messires Félix de Miniac, prêtre, Guy-Marie de Miniac, Anne-Michelle de Miniac, veuve, et demoiselle Françoise de Miniac, enfants de feu Pierre de Miniac, écuyer, procureur au Parlement de Bretagne[1], créancier du feu sieur de Montalembert[2], et de Jeanne Le Souëff[3], son épouse, tutrice de dame Angélique Malherbe, épouse de messire Jean François de la Sauldraye, sgr de Brignen[4].

[1] DE MINIAC. — Famille fort ancienne, originaire de la paroisse de ce nom, et connue, depuis Guillaume de Miniac, l'un des défenseurs de Dol, assiégé par Henri II d'Angleterre en 1173. Armes : *De gueules à l'aigle éployée d'argent, accompagnée de sept billettes de même.*

[2] DE MONTALEMBERT. — Très ancienne maison, originaire de l'Angoumois et portant pour armes, d'après un sceau de 1377 : *D'argent à la croix ancrée de sable.* Devise : *Ferrum fero, Ferro feror.*

[3] J. LE SOUEFF. — Famille originaire de la paroisse de Vénefles, évéché de Rennes, et portant pour armes : *Fascé d'azur et d'or, semé de vers à soie en fasces de l'un en l'autre.*

[4] J. P. DE LA SAULDRAYE, Famille de la paroisse de Saint-Grégoire de Rennes et portant pour armes: *De gueules à 3 fasces d'or, la première chargée de 2 et la seconde d'une hache d'armes de sable, posées en pal.*

— 819-828 —

1747-1757. — Dix pièces relatives à une rente annuelle de 150 livres au principal de 3000 livres constituée par MM. de Miniac (Messire Félix de Miniac, recteur de Vern, Pierre de Miniac, procureur au Parlement de Bretagne, Guy-Marie de Miniac, sgr des Fosses), et Mesdames Anne-Michelle de Miniac de la Ragotière et Françoise de Miniac, à messire Guillaume Desprez, chevalier, sgr de la Morlaye.

— 829-863 —

26 mars 1755-14 février 1785. — Trente cinq pièces de procédure pour messire René-Guillaume Desprez, sgr de la Morlaye, plaidant contre Hervé Doulxin et Gabrielle Day, sa femme, et Jean Mauger, ses débiteurs.

— 864 —

18 mars 1762. — Acte passé à Rennes entre messires Guillaume Desprez, sgr de la Bourdonnais, René-François Desprez, sgr de Launay, Louis-François Desprez, sgr de la Ville-Tual, Gilles-Jean Desprez et demoiselle Gillette-Renée Desprez, veuve de M François Corvaisier, vivant procureur au Présidial de Rennes, les tous, enfants et héritiers de feu messire René-Guillaume Desprez, sgr de la Morlaye, commissaire des Etats de Bretagne et syndic de la ville de Rennes, le 17 janvier 1762.

Et :

Dame Gillette Mouton, veuve dudit René Guillaume Desprez, qu'elle avait épousé le 20 novembre 1744 (contrat), pour la constitution et règlement du douaire de celle-ci.

— 865 —

21 mai 1762. — Mémoire d'avances et vacations dûes à M. René François Nouvel de Landail[1], procureur en la cour, par messire

---

[1] R F. Nouvel de Landail. — Famille originaire de la paroisse de Plouvien et portant pour armes : *D'argent au pin terrassé d'azur, supporté par deux cerfs affrontés de gueules.*

Guillaume Desprez, sgr de la Morlaye, pour diverses instances et procez, se montant à la somme de 464 livres 16 sols 11 deniers.

Reçu de ladite somme à la suite, signé : Perrine d'Oultremer[1], veuve Nouvel.

— 866 —

22 mai 1762. — Mémoire d'avances et vacations, dues à M. Jean François Le Meur, procureur Guillaume Desprez, sgr de la Morlaye, pour divers frais d'instances et procédures depuis 1745, et se montant à la somme de 256 livres 10 sols 6 deniers.

— 867 —

16 octobre 1766. — Extrait de l'acte de décès, en la paroisse Saint-Laurent à Paris, de messire Guillaume-François Desprez, sgr de la Bourdonnais, mort le 16 octobre 1766 à l'âge de 5o ans.

— 868 —

28 février 1768. — Certificat des Commissaires députés par les Etats de Bretagne pour l'examen de la Liste de Messieurs de l'Ordre de la Noblesse, reconnaissant qué messire Louis-François des Prez, petit-fils de Guillaume, frère de Jean des Prez, maintenu par l'arrêt de la Réformation de 1669, est d'extraction noble et en conséquence de qualité requise pour avoir entrée, séance et voix délibérative dans l'ordre de la noblesse aux Assemblées des Etats de Bretagne et jouir des privilèges droits et immunités attribués aux nobles de la province.

'Ladite pièce donnée à Saint-Brieuc et signée :

Kersauson,	Kersaintgilly,
Botherel de Quintin,	De la Chapelle,
Du Vergier de Kerhorlay,	De Guerrif,
De Keratry,	Du Vauferrier,
Le Chevalier de la Villetheart,	Uguet de l'Aumosne,
Le chevalier de Coué,	Garspern,

[1] P d'Oultremer. — Famille originaire de la paroisse de Rougé, évêché de Nantes, et portant pour armes : *Fascé. enté, ondé d'argent et d'azur.*

Courpéan,
De Bruc de Montplaisir,
Le chevalier de Saint-Gilles,

De la Cornillère-Narbonne,
Le chevalier de Bonteville.

— 869 —

2 juin 1770. — Arrêt du Parlement de Bretagne, qui confirme la noblesse de René-François et Louis-François Desprez.

— 870 —

12 décembre 1775. — Partage des immeubles fictifs délaissés par feue Mme veuve Durand entre messire François-René Desprez de la Bourdonnais, demeurant à Rennes près les Carmes, paroisse Saint-Germain ; Louis-François Desprez, sgr de la Morlaye, demeurant à Rennes, rue *Châteaurenaud*, paroisse Saint-Sauveur ; Julien-René Desprez, sgr du Plessis, demeurant à sa terre de la Gidonnais, paroisse de Domloup ; dame Anne-Françoise-Marguerite Menard, veuve de feu messire Pierre-Toussaint Desprez, sgr de la Ville-Tual, tutrice de ses enfants mineurs, demeurant au château de la Ville-Tual, paroisse d'Illifaut ; et dame Gillette-Renée Desprez, épouse non communière de biens de Jean-François Prigent, avocat au Parlement, demeurant en la ville de Guerlesquin.

— 871 —

3 décembre 1799. — Diplôme de Louis-Joseph de Bourbon résumant les services de 1792 à 1798 de Louis-Raoul de la Morlaye, et donné au quartier général à Landsberg le 3 décembre 1799.

Signé : Louis-Joseph de Bourbon.

— 873 —

24 février 1804. — Certificat de Louis-Antoine, duc d'Angoulême, résumant les états de service de Louis-Raoul Desprez de la Morlais de 1792 à 1797.

Donné à Rann en Styrie le 24 février 1801.

Signé : Louis-Antoine.

— 874 —

4 août 1814. — Lettre du comte Dupont, ministre et secrétaire d'Etat à la guerre accordant à M. Desprez de la Morlais l'autorisation de porter la décoration du *Lys*.

Le ministre secrétaire d'Etat.

Signé : Comte DUPONT.

Par le ministre,

Le maréchal de camp, baron d'*Havresse*,

secrétaire général du ministère de la guerre.

LEGENDRE.

— 875 —

26 septembre 1815. — Nomination de M. Louis-Raoul Desprez de la Morlais au grade de capitaine de cavalerie pour tenir rang du 17 septembre 1799, et avoir dans ce grade 3 ans, 5 mois et 7 jours de service et 2 campagnes, comme ancien officier.

Signé : Duc DE FELTRE.

TABLE

DES NOMS DE PERSONNES

CITÉS DANS CET OUVRAGE

E. F

Vannes. — Imprimerie LAFOLYE, 2, place des Lices.

www.ingramcontent.com/pod-product-compliance
Lightning Source LLC
LaVergne TN
LVHW010944210726
843510LV00013B/131